Impressum

Herstellung und Verlag:
BoD - Books on Demand. Norderstedt
ISBN 978-3-7357-4080-9

Text: Tina Christ
Fotos: Tina Christ
Lektorat: Dr. phil. Frauke Bayer
Deckblatt: René Robl

Alle Rechte vorbehalten, auch die der fotomechanischen und elektronischen Wiedergabe. Veröffentlichung oder Vervielfältigung, auch von Teilen dieses Buches, gleich welcher Art, nur mit Genehmigung der Autorin.

TINA CHRIST

Paulinchen hat ein Blatt zuviel

Heiteres und Besinnliches
für Groß und Klein

Vorwort

Wie auch in meinem ersten Buch, gehört zu meinen Gedichten größtenteils eine kleine Vorgeschichte. So ist "Maikäfer flieg" aufgrund eines Gespräches im Freundeskreis, in dem bedauert wurde, dass es heute kaum noch Maikäfer gibt, entstanden. Es hat mir später bei meinem ersten Lyrikerwettbewerb der Literareon Bibliothek Glück gebracht und mich zu meinem ersten Buch ermutigt.

Zum "Schneckenwettkampf" kam es nach einem Anruf meiner Freundin Charly, die sich bei mir bitter beschwerte, dass ihre beiden Enkeltöchter mit zwei Weinbergschnecken auf ihrem Terrassentisch ein Wettkriechen veranstaltet hätten und sie dürfe nun die eklige Schleimspur wegputzen.

Bei "Oh - süße Verführung" waren Rumtrüffel von feinster Qualität, die mir auf der Zunge zergingen, der Anlass. Ich sagte zu meinem Mann, dass es ein Hochgenuss sei und man darüber eigentlich ein Gedicht schreiben solle. Darauf sein Kommentar: "Dann tu es, du kannst das doch!" Ich stand in der Nacht mehrmals auf und notierte alle Gedanken dazu. Am Morgen war die Hommage an die süße Versuchung fertig.

Ähnlich erging es mir mit dem Gedicht "Ich schenke dir ein Lächeln", dass ich nach einer Fahrt mit der U-Bahn durch Nürnberg schrieb. Ich hatte dort die Fahrgäste beobachtet und sah nur ernste, gehetzte oder ausdruckslose Gesichter. Junge Menschen, die sich mit Musik im Ohr berieseln ließen und gedankenverloren in die Ferne stierten. Das hat mich sehr bewegt und ich dachte: "Sind zufriedene Menschen inzwischen eine Rarität? Sollten wir etwa verlernt haben, zu kommunizieren? Ich hoffe nicht!"

Mit dieser Gedichte - Sammlung möchte ich mich nun bei meinem Ehemann, der in der Zeit der Entstehung dieses Buches sehr viel Geduld mit mir gezeigt hat, meinem Sohn Uli, der mein Vorhaben, ein Buch zu veröffentlichen, mit realisierte sowie bei allen Freunden und Bekannten, denen meine Gedichte gefallen und die mir auch mit Rat und Tat zur Seite stehen, bedanken. Auch dem Restaurant "DELPHI", Nürnberg, das mir mit einem kleinen Obolus geholfen hat, gehört mein Dank.

Ich möchte auch Euch mein Lächeln schenken.
Bitte verliert es nicht!

Wenn Sie, liebe Leser, nach ein paar gemütlichen Lesestunden mein Büchlein zufrieden zur Seite legen und evtl. zu einem späteren Zeitpunkt wieder einmal hineinschauen, dann hat es seinen Zweck erfüllt und würde mich sehr glücklich machen.

Und nun viel Spaß beim Lesen.

                Ihre Tina Christ

Zu diesem Buch

Geschrieben mit Herz und Humor legt uns Tina Christ wieder märchenhafte Gedichte besonders auch zum Vorlesen für Kinder und Enkel vor. Eine Vielfalt bekannter, genau beobachteter Wesen aus Flur und Garten erlebt menschliche Gefühle wie Freude, Glück und Angst, Gier, Mut, Freundschaft und Zufriedenheit. Sie erträumen und wünschen sich eine bessere Welt, in der wir alle in Frieden und Freiheit ohne Sorgen leben können. Bei St. Petrus im Himmel gibt's sogar "Essen auf Rädern!"

Weisheit des Alters, in Reime geformt, lohnt die Lektüre dieses Büchleins für jedermann.

Dr. Ernst Avenhaus
Kreativzentrum Zirndorf

Gewidmet meinen Enkeln:

**Luisa, Marla, Smilla,
Robin, Mikki und Julien**

Inhaltsverzeichnis:

Teil 1

Maikäfer flieg	13
Mein Katzentraum	14
Der frustrierte Marienkäfer	16
Tapetenwechsel	17
Bobo, der kleine Pinguin	19
Vom Leichtsinn einer Reblaus	20
Paulinchen hat ein Blatt zuviel	21
Schneckenwettkampf	23
Futterneid	25
Das Blaumeislein	26
Das Gänseblümchen	29
Das Osterei	31
Christkind im Kindergarten	32

Teil 2

Die kleinen Wunder am Straßenrand	37
Sehnsucht nach Frühling	38
Frühlingserwachen	41
Wann wird's Ostern?	43
Nachts im Park	44
Balkonidylle	45
Grillen im Garten	47
Windspiele	49
August, der Reisemonat	50
Goldener Oktober	53
Herbstimpressionen	55
Herbstgedanken	57
Liebeserklärung an den Sonntag	58
Oh - süße Verführung	60
Omas von einst und jetzt	61
Wenn wir unsere Opas nicht hätten	63
Die Franken und Fastnacht	66
Welt voller Wunder	68
Weihnachten, wie es früher einmal war	69
Oh du schöne Weihnachtszeit	73
Vom traurigen Ende aller Weihnachtsbäume	79
Was wünsche ich mir vom Neuen Jahr	80
Ich schenke dir ein Lächeln	82
De Saggsn und däi F"rrrr"anken	83

Teil 1

Maikäfer flieg

Die Leute sagen: "Es gibt keine Maikäfer mehr!"
Da staun' ich aber sehr.
Bei uns saß einer im Garten,
den beobachtete ich beim Starten.
Sein Panzer war braun
und sehr schön an zu schau'n.
Die Flügel wie Seide, ganz zart,
und seine Fühler gepaart.

Maikäfer müssen pumpen, ehe sie fliegen,
weil ihre Flügel in Falten liegen.
Ich wollt ihn so gern behalten, den kleinen Mann,
weil er so schön rascheln kann.
In eine Schachtel legen und pflegen,
und immer ein frisches Blatt hinein legen.

Doch Oma sagte: "Das darf nicht sein,
der ist in der Schachtel doch ganz allein!
Er möchte bestimmt ein Weibchen kriegen,
darum lass ihn schnell wieder fliegen,
weil auch er die Freiheit liebt.
Du weißt ja nun, dass es ihn gibt."

Mein Katzentraum

Ich träumte, ich sei eine Katzendame
und Minka wäre mein Name.
Erschöpft lag ich auf der Ofenbank,
denn ich war krank;
schlief ein und wachte nicht mehr auf.
Meine Seele schwebte zum Tierhimmel hinauf.

Petrus stand an der Himmelspforten
und begrüßte mich mit freundlichen Worten:
"Hallo Minka, komm rein, was machst du für Sachen,
womit könnte ich dir denn eine Freude machen?
Du warst immer brav da unten auf Erden,
dafür sollst du jetzt belohnet werden."

"Ach Petrus", spar ich, "es wäre nett,
hätte ich ein rosarotes Wolkenbett.
Da könnte ich beobachten das muntere Treiben,
denn ich muss ja nun für immer hier oben bleiben!"
"So sei es", sprach Petrus, "nun leg dich zur Ruh',"
und wandte sich den Nächsten zu.

Unter anderem kam auch eine Mäusefamilie an;
die Mutter, sechs Kinder und der Mann.
Auch sie trugen einen Wunsch
dem Himmelsvater vor:
"Lieber Petrus, bitte schenke uns Rollschuhe nur.
Der Kater Carlos hat uns den Garaus gemacht,
wir hatten uns nicht schnell genug
in Sicherheit gebracht."
Der Wunsch wurde erfüllt, sie waren entlassen
und flitzten glücklich durch die Himmelsgassen.

Am Abend sah ich Petrus seine Runde dreh'n,
er wollte bestimmt nach seinen "Neuen" seh'n.
Es freute ihn, dass ich auf meiner Wolke saß
und genüsslich etwas fraß.

Auf seine Frage, wie es mir denn erginge
in seinem Reich,
antwortete ich auch gleich.
Ich sagte: "Ach Petrus, ich fühle mich glücklich,
zufrieden und frei
und dass das 'Essen auf Rädern' das Beste sei!!!"

Da weckte mich die Sonne ganz keck,
und ich fand mich wieder des Morgens im Bett.

Der frustrierte Marienkäfer

Ein Marienkäfer landete auf einem Strauch.
Ihm war langweilig und Hunger hatte er auch.
Eine Blattlaus, die des Weges kam,
fraß er kurzerhand auf.
Danach flog er zu einer Sonnenblume h nauf.

Er war nun satt, aber müde
und legte sich zum Schlafen nieder.
Da weckte ihn ein lautes Brummen wieder.
Über ihm landete eine Biene,
die sah ihn an mit ernster Miene.
"Hallo", sprach er, "wie geht es Ihnen?"
Doch sie blieb stumm, so sind wohl Bieren.
Sammelte stattdessen emsig Blütenstaub ein.
Anscheinend wollte sie lieber alleine sein.

Dass die sich aber auch gar nicht
für mich interessiert,
stellte er fest - ganz pikiert.
Soll sie doch für sich Trübsal blasen,
ich fliege zurück auf meinen Rasen.
Er war beleidigt und dachte im Fliegen:
"Das wird wohl am schlechten Wetter liegen."

Tapetenwechsel

Zwei Ameisen, Mareike und Gundula, wollten in die Stadt,
sie hatten das Leben am Misthaufen so satt.
Da sie die Richtung nicht kannten,
aber die Bahngleise fanden,
beschlossen sie, gen Westen zu geh'n.
Das Wetter war übrigens wunderschön.

Eine gute Stunde waren sie schon unterwegs,
da fanden sie einen wunderschönen, goldgelben Keks.
Den hatte wohl jemand aus dem Zugfenster geschmissen.
Für die Reise war das ein feiner Leckerbissen.

Am Bahndamm zu wandern war etwas beschwerlich
und außerdem nicht ganz ungefährlich.
Da kam auch schon ein Regenwurm des Weges daher.
Er fragte sie nach dem Wohin und Woher.

Sie sagten, sie wollten Spaß haben in der Stadt,
denn sie hätten das Leben auf dem Lande satt.
"Nehmt mich doch mit", sprach er weiter.
So hatten sie plötzlich einen Wegbegleiter.

Zu dritt wanderten sie nun im Sonnenlicht.
Da kam in der Ferne eine Weiche in Sicht.
Das hat sie alle leicht irritiert.
Wie sollten sie wissen, wohin das Gleis führt!
Sie überlegten lange und konnten sich nicht entscheiden.
Wie sollten sie bloß einen Umweg vermeiden?
Zurück wollten sie nicht,
aber eine Stadt war weit und breit nicht in Sicht.

Der Regenwurm klinkte sich kurzerhand aus,
er wollte lieber wieder nach Haus.
So wünschte er beiden noch viel Glück
und kehrte zu seinem Krautbeet zurück.

Den beiden taten nun langsam die Füße weh.
Sie entdeckten bald einen Flecken Klee.
"Was meinst du", sprach die Eine,
"warum sollen wir uns so beeilen,
lass uns doch lieber hier etwas verweilen!"
"Gut" meinte die Andere, "es wird schon finster,
ich kann nichts mehr sehn,
wir sollten erst morgen früh weiter geh'n.

So toll wird es in der Stadt auch nicht sein.
Wenn wir uns nicht entscheiden können,
gehen wir lieber wieder heim.
Gute Nacht, meine Liebe,
ich bin müde, es war etwas viel.
Du weißt doch: Der Weg ist oft schon das Ziel!"

Bobo der kleine Pinguin

Luisa und Bobo sind ein gutes Gespann.
Sie hat ihn sehr lieb, den kleinen Pinguin-Mann.
Er ist zwar nur aus Plüsch,
aber das stört sie nicht.

Ihm geht es gut, er leidet keine Not,
doch seine Artgenossen am Südpol sind bedroht.
Weil die Menschen ihren Lebensraum verderben,
müssen sie alle eines Tages sterben,
und Bobo kann nie wieder glücklich sein.
Traurig schläft er in Luisas Armen ein.

Könnte sie ihm doch helfen, sie würde es tun.
Der Gedanke lässt sie nicht mehr ruh'n.
Wenn doch die Großen ein Einsehen hätten,
dann könnte man alle Pinguine retten!
Beiden ist das Herz so schwer.
Es müsste halt ein Wunder her.

Sie träumen von einer besseren Welt,
in der das Gute wieder zählt.
Ob ihre Träume in Erfüllung geh'n?
Ach, das wäre schön!

Vom Leichtsinn einer Reblaus

Eine Reblaus hauste in Baden bei Wien
auf der Traube eines Rebstocks,
auf den die Sonne schien.
Sie dachte, wie wunderschön das Leben doch sei
und fühlte sich glücklich, zufrieden und frei.

Plötzlich kam ein Regenschauer.
Tropfen fielen auf die Trauben.
Das konnte sie erst gar nicht glauben.
Wähnte sich sicher und geborgen
und machte sich überhaupt keine Sorgen.
Für ihren Leichtsinn sollte sie bald büßen,
denn es fing so richtig an zu gießen.

Anstatt unter ein schützendes Weinblatt zu flüchten,
blieb sie sitzen - mitnichten.
Die Traube wurde glatt und nass
und sie nun doch vor Angst ganz blass.
Sie hielt sich nicht fest genug, rutschte ab
und fiel kopfüber in ihr nasses Grab!

Paulinchen hat ein Blatt zuviel

Was ist denn nur im Klee heut' los?
Die Aufregung ist riesengroß.
Paulinchen hat das Licht der Welt erblickt
und Mutti Klee ist tief beglückt.
Die Kleine wächst sehr schnell und schön.
Die Blättchen sind schon bald zu sehn.

Die Mama besieht den Stiel;
"Herrje, da ist ein Blatt zuviel!"
Mutter Käthe ist pikiert,
dass ihr so etwas passiert!
Aufgeregt sind auch die Tanten
und die andren Anverwandten.

"Wisst ihr schon, sie hat der Blätter vier.
Die hat ja eines mehr als wir!"
Schnell verbreitet sich die Kunde;
ein Außenseiter lebt in unsrer Runde.

Das hat Paulinchen fast das Herz gebrochen.
Am liebsten hätt' sie sich verkrochen.
Da hört sie eine Stimme: "Seht nur hier!"
Und eine Menschenhand, die greift nach ihr.

Eh' sie es recht begriffen hat,
zeigt jemand auf ihr viertes Blatt.
"Ein Glücksklee!" hört sie sagen
und wird bedacht nach Haus getragen.

Dann wird sie in ein Buch gesteckt
und später an den Schatz verschickt.
Der trägt sie jeden Tag alsdann
in seiner Brieftasche als Talisman.

Auch Paulinchen sah nun ein,
Außenseiter - das muss kein Makel sein.

Schneckenwettkampf

Adele und Betti, zwei ergraute Weinbergschnecken,
hielten Mittagsschlaf unter den grünen Hecken.
Es war sehr heiß und schwül,
nur ihr Versteck war schattig und kühl.
Die Zeit verging, die Sonne stand schon im Zenit,
da wachten sie auf und fühlten sich fit.
Nun wollten sie noch gemeinsam eine Runde dreh 'n
und nach den fetten Gräsern sehn.

Sie machten sich auf den Weg,
kamen auch bis zu einem Steg.
Da wurden sie von zwei Kindern entdeckt.
Adele spürte, wie sich eine Hand nach ihr streckt.
Auch Betti wurde unsanft hochgehoben.
Ihr Häuschen hatte sich gleich verschoben.
Verschreckt zogen sie die Fühler ein.
Sollte das etwa das Ende sein?

Die Mädchen trugen beide in den Garten.
Sie wollten einen Schneckenwettlauf starten.
Wer am schnellsten kroch, hin zum Flieder,
der würde Sieger.
Sie sollten spurten auf ihre alten Tage?
Das geht schief, ganz ohne Frage!

Betti zischte: "Adele kriech um dein Leben,
wir müssen jetzt unser Bestes geben!"
Mühsam rutschten sie über die Steine.
Das ist gar nicht einfach, so ganz ohne Beine!
Zentimeter um Zentimeter gewannen sie an Boden.
Die Mädels begannen sie zu loben.

Total entkräftet, die Fühler hingen schon hernieder,
erreichten sie zur gleichen Zeit den Flieder.
Kein Sieger - das war den Mädchen zuviel.
Sie hatten keine Lust mehr an dem Spiel.
Enttäuscht wandten sie sich anderen Dingen zu
und ließen die beiden Schnecken in Ruh'.

Die erholen sich sehr bald.
Nun wollten sie aber heim, denn es wurde kalt.
Sie fassten kaum ihr großes Glück
und krochen ganz langsam zu ihrer Hecke zurück.
Unterwegs fraßen sie ein Salatblatt voll Freude.

Und wenn sie nicht gestorben sind,
dann leben sie noch heute.

Futterneid

In den Felsen auf der Insel Fuerteventura
gibt es Streifenhörnchen, die leben da.
Sie freuen sich ihres Lebens.
Auf Futter warten sie nicht vergebens.

Alle, die vorbeikommen, wollen sie sehn
und finden die Tierchen possierlich und schön.
Sie flitzen an den Felsen rauf und runter.
Die kleine Schar ist flink und munter.

Auch Tauben gibt es jede Menge.
Es herrscht hier ein dichtes Gedränge.
Die wollen vom Futter auch etwas bekommen
und haben's den Kleinen oft schon weggenommen.

Auch hier kann es keinen Frieden geben;
es ist wohl bei den Tieren genauso
wie im menschlichen Leben!

Das Blaumeislein

Drüben auf dem Ast, zusammengeduckt,
sitzt ein Blaumeislein und guckt.
Kalt weht der Wind ums Haus,
gar schlimm sieht's um den Piepmatz aus.
Nirgends ein Körnlein, der Hunger tut weh.

Über die Felder staubt der Schnee.
Der Garten verweht, weder vorn noch hinten
ist für das Meislein etwas zu finden.
Es sitzt da und überlegt.
Das Köpfchen nach rechts und nach links es dreht.
Wippt mit dem Schwänzchen und murmelt zu sich:
"Gibt's denn gar nichts zu futtern für mich?"

Ging da nicht irgendwo ein Fenster auf,
legt vielleicht jemand Futter aufs Fensterbrett rauf?"
Hoppla, jetzt liegen da Körner zuhauf.
Ach je, gleich stürzt sich ein Vogelschwarm drauf.
Amseln und Sperlinge picken wie toll
und fressen sich die Bäuche voll.
Das Vögelchen denkt:
"Lasst halt für mich auch etwas liegen,
ihr könnt den Hals wohl nicht voll genug kriegen!"

Liesel im Zimmer beobachtet das Treiben
und klopft schnell an die Fensterscheiben.
Hui, schnell fliegen alle fort, Gott sei Dank!
Der Piepmatz denkt:"Nun gehört mir die Fensterbank.
Nicht lange gefackelt, ein Herz sich genommen,
ehe die anderen wiederkommen".

Es hoppelt und trippelt und piepst zufrieden,
sieht Körner und vieles andere da liegen.
Da was und dort was, die Bank liegt voll.
Dem Meislein klopft das Herz wie toll.
Frisst satt sich, nickt zur Fensterbank
ein Dankeschön,
fliegt fort, und ward nicht mehr geseh'n.

Das Liesel hat durch die Scheibe geguckt
und hat nicht gezuckt und nicht gemuckt.
Über das Meislein hat es sich sakrisch gefreut,
und am nächsten Tag gleich wieder Futter gestreut.

Aus der Oberlausitz von Herbert Andert
bearbeitet von Tina Christ

Das Gänseblümchen

Ein Gänseblümchen, das gestern
zum Leben erwachte,
blinzelte in die Morgensonne, die am Himmel lachte.
Stetig wuchs es und faltete seine Blätter auf.
Da kam ein Falter und setzte sich drauf.

Sein Leben genoss es leider nur
für ein paar Stunden,
dann hatte es eine Kuh gefunden.
Die biss es ab und fraß es genüsslich.
Sein Leben war kurz und das Ende verdrießlich!

Das Osterei

Die Luft ist lau, die Sonne lacht.
Der Frost verschwand, fast über Nacht.
Die Vögel zwitschern in den Bäumen.
Die Menschen nun vom Urlaub träumen.

Die Hennen gackern aufgeregt im Hühnerstall.
"Bald ist Ostern und Eier fehlen,
das war ja noch nie der Fall.
Wie soll man so schnell Eier legen
und dazu so viele?!
Mit Verlaub, man ist doch keine Eierlegemaschine!
Im Akkord, ich fass' es kaum,
selbst ohne wär' zu eng der Raum!"

Auch die Hasen sind schon ganz nervös
und stellen auf die Löffel: "Ja wo gibt's denn dös?"
Sie müssen sich gehörig sputen,
die Kinder wollen schließlich Ostereier suchen.

Angemalt schön bunt, so sollen sie sein.
Aus Schokolade schmecken sie besonders fein.
Sie sehen auch sehr unterschiedlich aus;
von Taube, Henne oder Strauß.
Für das Frühstück sind die Gekochten dran,
zum Sammeln geeignet sind die aus Porzellan.
Ob groß oder klein, uni oder bunt ist einerlei,
wichtig allein ist nur, es ist ein

        OSTEREI

Christkind im Kindergarten

Grad bin ich um die Kirchturmspitze gebogen,
denn ich bin meinem Hilfsengel nachgeflogen.
Der Arme ist dem Weihnachtsmann zugeteilt,
müsst ihr wissen,
und hat sich sein Hemdchen zerrissen.

Da seh' ich doch unter mir schräg links
euren Kindergarten
und dachte mir: "Ach, der Engel kann warten.
Eine kleine Pause wäre jetzt fein;
ich schau mal zu den Kindern rein."

Mein Goldenes Buch hab ich gerade bei mir,
und kleine Geschenke sind auch vor der Tür.
Wollt euch fragen, was ihr so angestellt
in diesem Jahr,
ob's ein gutes oder ein schlechtes für euch war?

Doch, ich glaube, das kann ich
dem Weihnachtsmann übergeben.
Ihr seht aus, als könntet ihr kein Wässerchen trüben.
Meint ihr, dass ich mich da täuschen kann,
oder glaubt ihr am Ende gar nicht
an den Weihnachtsmann?
An das Jesuskind,
das geboren vor vielen, vielen Jahren
und die himmlischen Engelsscharen?

Das weiß ich aber besser als ihr,
er ist doch ein Kollege von mir!
Ich würde da auch sehr traurig sein,
drum weihe ich euch jetzt in ein Geheimnis ein:

Weihnachten ist immer dann,
wenn wir alle friedlich miteinander leben,
die Hand aufhalten, auch um zu geben,
einander in Liebe gedenken
und von Herzen schenken.

Wenn der eine den anderen als Freund ansieht
und zu ihm hält, was immer geschieht,
die Menschen an das Gute glauben immerdar,
dann wird der Weihnachtsglaube wahr!

Bemüht euch stets bei all den vielen Geschenken
auch an die Armen dieser Welt zu denken
und dem - das dürft ihr nie vergessen - zu danken,
dem wir alles Leben auf Erden verdanken.

Nun lasst uns fröhlich sein
und uns gemeinsam auf das Fest der Feste freu'n.
Ich muss jetzt wieder weiterfliegen,
mein Hilfsengel muss endlich
ein neues Hemdchen kriegen.
Vertragt euch und helft euch, was immer auch sei;
im nächsten Jahr komm ich wieder vorbei."

Teil 2

Die kleinen Wunder am Straßenrand

Schön ist nicht nur der Blumenstrauß in einer Vase.
Sieh dich um, Schönheit gibt es auch
am Rand der Straße!
Gänseblümchen, so klein und nett,
die haben hier ihr Blätterbett.
Aus Margeriten, Kornblumen und Mohn
einen Strauß,
den nimmt man gerne mit nach Haus.

Ein Tümpelchen, nicht weit von der Straße,
ist wie eine kleine Oase.
Käfer krabbeln übers Gras,
auch den Ameisen macht das großen Spaß.
Ein Mückenschwarm tänzelt im Abendsonnenschein,
das kann ganz idyllisch sein.

Selbst Unkraut sieht hübsch aus im Straßengraben,
man muss nur Augen dafür haben.
Im Juni entfaltet sich eine bunte Blumenparade.
Doch bald wird alles abgemäht,
und das ist schade!

Wenn du's mit dem Herzen erspürst
und nicht mit dem Verstand,
dann entdeckst auch du
„die kleinen Wunder am Straßenrand".

Sehnsucht nach Frühling

Ich habe die Kälte und den Schnee so satt,
fühle mich antriebslos und schlapp.
Täglich höre ich den Wetterbericht,
doch es ist noch kein Ende in Sicht.

Theoretisch bin ich für den Frühjahrsputz bereit,
aber der Frühling ist noch weit.
Stattdessen sitze ich am Fenster
und rühre mich nicht.
Ich sehe nur Menschen,
dick angezogen, mit finsterem Gesicht.

Überall nur kahles Gestrüpp
versperrt mir den Blick.
Graue Wolken, regenschwer,
treibt der raue Wind vor sich her.
Die Amseln zetern schon.
Es klingt wie Hohn!

Wie schön wäre es jetzt im Sonnenschein
Ich flüchte mich in Träumereien.
Stell mir vor, wie die Blumen spitzen
und die Vögel in den Bäumen sitzen.

Ich schaue nach draußen, da gibt's nichts zu lachen.
Es war nur ein Traum, mein Frühlingserwachen.
Dabei könnte alles viel schöner sein,
käme nur ein klein wenig Sonnenschein.
Die Bienen würden sich aus ihrem
Winterquartier wagen
und sich an den jungen Blüten laben.

Die Bäume bekämen ein zartes Grün,
und die Hecken fingen an zu blüh'n.
In den Gärten würde wieder geharkt und gegossen.
Fleißige Hände regten sich unverdrossen.

Die Stare kämen vom Süden zurück.
Sogar das Knattern des Rasenmähers wäre Musik.
Auf der Straße spielten wieder die Kinder.
Überstanden wäre der lange Winter.

Der Himmel färbt sich ganz zart rot.
Nun ist es Zeit fürs Abendbrot.
Enttäuscht warte ich auf den nächsten Tag.
Was er mir wohl bringen mag?

Am Morgen scheint mir die Sonne ins Gesicht.
Ich bin ganz benommen und glaube es nicht.
Hat Petrus mein Flehen etwa vernommen
und der Frühling ist endlich gekommen?

Nein, er schickt schon wieder Regen und Schnee,
und das tut der Seele weh.
Ich aber lasse mir die Laune nicht verderben.
Es muss doch endlich Frühling werden!!!

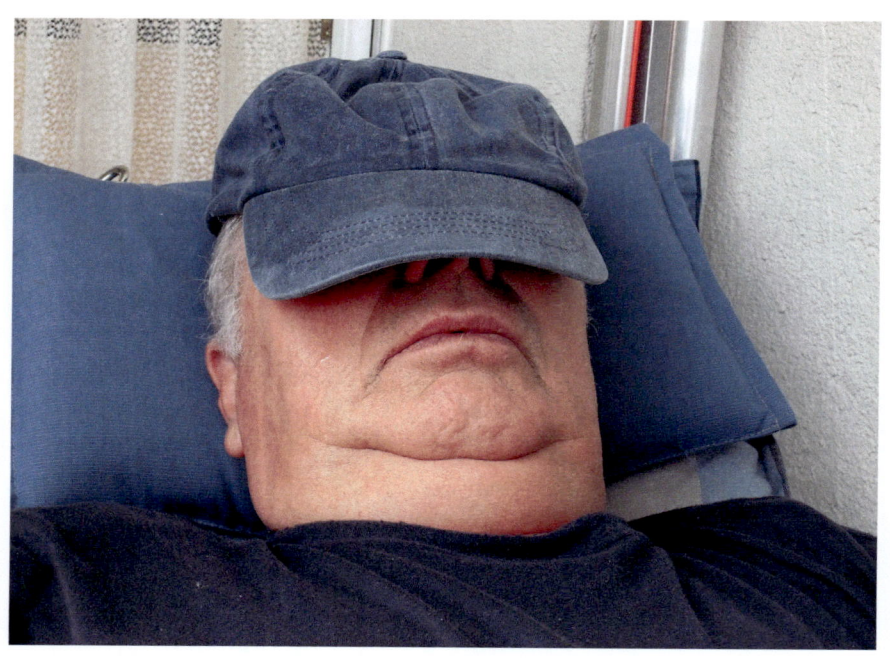

Frühlingserwachen

Der Winter zeigte sich sehr zahm,
weshalb der Frühling früher kam.
Osterglocken welken schon,
in Knospe steht der rote Mohn.

Der Wind trägt zarten Blütenduft,
süßes Ahnen durchzieht die Luft.
Die Seele schwebt und wird ganz weich,
Gedanken fliegen engelsgleich.

Den Jüngling quälen wilde Träume.
Die Fantasie schlägt Purzelbäume.
Jetzt wären viele Singles gern zu zweit.
So manchen plagt die Frühjahrsmüdigkeit.

Der Himmel zeigt sein schönstes Blau,
vorbei die Tage, trist und grau.
Die langen Nächte sind Vergangenheit,
Frühling - du bist für mich die schönste Jahreszeit!

Wann wird's Ostern?

Wenn die Bienen sich am Nektar laben,
die Kastanien glänzend braune Knospen haben,
Tulpen und Narzissen um die Wette blüh'n,
die Damen offenherzig ausgeschnitten geh'n,
Forsythienhecken goldgelb tragen,
im Fliederbusch die Finken schlagen.

Wenn sonntags man ins Grüne fährt,
im Biergarten der Kellner Tische und Bänke kehrt,
die Sonne uns wieder verwöhnt,
der Rasenmäher mittags dröhnt,
Nachbars Achtern in die Höh' sich reckt,
weil er im Garten Zwiebeln steckt.

Wenn ganz Mutige den Grill benutzen
und Männer ihre Autos putzen,
Hausfrauen ihren Großputz starten,
die Kinder auf den Osterhasen warten.

Wenn die Vögel nisten in den Bäumen,
die Teenies von der Liebe träumen,
und die Nonnen seufzen in den Klöstern,

dann wird's Östern!

Nachts im Park

Sommer ist es, kurz nach Mitternacht.
Ich gehe durch den Park, der unbewacht.
Kein Mond begleitet mich, keine Sterne.
Nur Grillen zirpen in der Ferne.

Angst steigt in mir auf, lähmt meine Schritte.
"Lieber Gott, schick mir ein Lichtlein - bitte!"
Da, plötzlich sehe ich ein Glimmern
rings um mich her.
Zehn, zwanzig, dreißig Lichter
und immer noch werden es mehr.
Es leuchtet und flimmert, tanzt auf und nieder,
kommt auf mich zu - und verschwindet wieder.

Ich will sie fangen, doch meine Hände bleiben leer.
Wie benommen laufe ich ihnen hinterher.
Bleibe stehen und weiß nicht mehr, wo ich bin.
Die kleinen Leuchtteufel verwirren meinen Sinn.

Es umgibt mich ein Zauber, unbeschreiblich schön,
und langsam beginne ich zu versteh'n.
Glühwürmchen waren meine Begleiter
in dunkler Nacht.
Erst auf der Straße bin ich wieder erwacht.
Nun sehe ich auch die Lichter der Stadt vor mir,
ganz nah
und die Gegenwart ist wieder da.

Balkonidylle

Im ersten Stock in einem Haus,
nicht weit von der Straße,
liegt meine kleine, aber feine Oase.
Hier bin ich Mensch, hier darf ich's sein.
Hier mach ich Urlaub für mich ganz allein.
Zieh' mich vom Trubel des Alltags zurück
und genieße mein selbstgemachtes, kleines Glück.

In der Hollywood-Schaukel lässt sich's gut dösen,
Kaffee trinken, dichten oder lesen.
Wird mir die Mittagssonne zu heiß,
spann ich den Schirm auf
mit der Reklame für Schöller-Eis.

Von April bis September, das ist Tradition,
halt ich mein Mittagsschläfchen auf dem Balkon.
Auch Grillen ist erlaubt,
wenn's die Nachbarn nicht stört,
weil das zu den Sommerabenden gehört

Ein Plausch mit meinem Gegenüber,
wie die Blumen sprießen,
ergibt sich beim täglichen Pflanzen gießen.
Kommen Freunde zu mir, um die Idylle zu sehn,
sagen alle: "Hast du's aber schön!"

Ende Oktober ist Schluss mit dem kleinen Glück,
und ich ziehe mich wieder in die Wohnung zurück.
Die Blumenkästen kommen in den Keller,
leer ist der Balkon.

Ich aber freue mich schon
auf die nächste Freiluftsaison.

Grillen im Garten

Die Sonne lacht, die Luft ist lau.
Im Garten sitzen Meyers mit Kind,
Katze und Wauwau.
Vater steht da in Mutters Schürze,
in der einen Hand seine Gewürze.
Die andere in die Seite gestemmt.
Gut sieht er aus im karierten Hemd!

Er ist ein Mann, der weiß was er will.
Seine Würstchen brutzeln auf dem Grill.
Mutter geht nach Getränken in die Küche.
Fritzchen sitzt schon hungrig am Tische.

Beim Nachbarn sieht es ähnlich aus.
Ein feiner Duft zieht nun durchs Haus.
Der Wastl kräuselt seine Nase.
Er weiß, jetzt kommt die heiße Phase.
Es riecht nach Bratwürstchen und Sauerkraut.
Diese Düfte sind ihm wohl vertraut.

Schnaken ziehen ihre Kreise,
und im Hintergrund spielt das Radio leise.
Der Himmel färbt sich langsam rot.
Nun wird es Zeit fürs Abendbrot.

Herr Meyer lehnt im Sessel sich zurück.
Perfekt ist das Familienglück.
Alle sagen: "Ist das schön,
dieser Abend dürfte nie zu Ende geh'n!"

Windspiele

Wiegend auf zartem Stiel
treibt der Sommerwind mit ihr sein Spiel.
Ausgeliefert diesem launischen Wicht,
biegt und flattert sie im Sonnenlicht.

Er treibt es arg und trachtet ihr
nach dem Leben.
Sie muss am Ende ihm sogar
ihr Röckchen geben,
das so leuchtend rot hernieder schwebt,
wo sie steht, allein, im freien Feld.

Nur das Krönchen darf sie noch behalten,
bis auch das dem Windes Spiel
zum Opfer fällt.
Nun steht sie da,
nur noch im grünen Kleid.
Die Blätter liegen am Boden verstreut.

Ein neues Blumenkind wächst heran,
zum Spiele bereit,
bis auch das den Tanz
mit dem Winde bereut.

Wie die Liebe, die den Stürmen
des Lebens widersteht
oder im Tanz der Gefühle
zerbricht und vergeht.

August, der Reisemonat

Es muss an unserem Wetter liegen,
dass viele in den Süden fliegen.
Leergefegt sind unsere Straßen,
das verführt sehr schnell dazu,
mit dem Auto zu rasen.

Wohin ich auch gehe, ich finde es dreist,
hängt an der Tür ein Zettel: „Bin gerade verreist."
Geh ich zum Arzt, weil's irgendwo zwickt,
soll ich zur Vertretung - ich werd noch verrückt!
Zu Bäcker oder Metzger geh ich vergebens,
die machen gerade den Urlaub ihres Lebens.

Sitz ich im Auto auf der Fahrt in die Stadt,
was nervt mich beträchtlich? - Baustellen satt!
Es muss sein, die Straßen werden saniert.
So fahr ich brav 30, auch wenn' s mir pressiert.

Greif ich zum Handy und rufe wen an;
wie lang ich auch warte, es geht keiner ran.
Stattdessen die Stimme: "Bin leider nicht zugegen,
würden sie bitte Name und Rufnummer angeben?"
Zapp ich im Fernsehen,
lehn mich im Sessel zurück;
nur Wiederholungen - ich habe einfach kein Glück!

Auf den Autobahnen, wohin ich auch schau,
überall nur Stau, Stau und nochmals Stau!
Zusammenfassen kann ich's in einem Satz:
Im August hat man zu Hause den meisten Platz.

Ich radle zum Freibad, komme an ganz verschwitzt,
schwimm genüsslich meine Runden,
weil mich niemand bespritzt.
Danach mach ich Urlaub auf Balkonia
und verwöhne mich mit Eis und Sangria.

Ich warte geduldig, denn eins ist mir klar:
Ab Mitte September ist wieder alles so,
wie es immer war!

Goldener Oktober

Abgeerntet sind die Felder schon.
Braune Schollen weit und breit.
An den Rändern welkt der Mohn.
Nur der Mais steckt noch im gelben Kleid.

Reife Reben an den Stöcken hängen;
Trauben weiß und blaue voller Saft.
Viele Hände schneiden von den Strängen
 sie, die nun zu Wein gemacht.

Was über den Sommer von der Sonne verwöhnt,
wird gekeltert und reift im Fass seine Zeit
bis der Rebensaft zum edlen Tropfen wird gekrönt,
der - vollmundig - des Kenners Gaumen dann erfreut.

Die letzten Rosen blüh'n im Garten
und Astern, bunt gemischt.
Ihr Duft verleitet mich zum Träumen:
Vom Sommer, der dem Herbst gewichen ist.

Es färben jetzt die Wälder
goldgelb und braun ihr Blätterdach.
Die Nächte werden langsam kälter.
Der Herbst ist da in voller Pracht.

Herbstimpressionen

Wolken ziehen geschwind.
Laub tanzt im Wind.
Ein Ballett aus Blättern und Zweigen
tanzt einen lustigen Reigen.

Der Herbst in seiner Pracht
schmückte so bunt sie über Nacht.
In gelb, rot und auch braun
wirbeln sie durch die Lüfte, schön anzuschau'n.

Wenn der Sturm um die Ecken fegt,
schlagen sie Kapriolen
und der Winter kommt auf leisen Sohlen.
Bald liegt die bunte Schar am Boden,
der letzte Tanz ist vorbei.
Nun stehen sie da, die Bäume, nackt und frei,
strecken ihre blanken Äste zum Himmel empor
und Stille legt sich über die Flur.

Herbstgedanken

Die Felder sind leer
und die Vögel singen nicht mehr.
Vorbei die fröhlichen Feste
und die lauschigen Nächte.

Nebel liegt über Wiesen und Feldern,
goldgelb schimmert' s aus den Wäldern.
Spinnen, die zarte Netze weben
und Tautropfen, die wie Perlenschnüre darin kleben,
glänzen im fahlen Morgenlicht,
wenn die Sonne den Nebel durchbricht.

Welke Blätter fallen herab von den Bäumen.
Ihr Rascheln unter meinen Füßen
verleitet mich zum Träumen
vom nahen Winter mit Kälte, Eis und Schnee,
von einer warmen Stube und heißem Tee,
von zugefrorenen Bächen und Seen,
von Eisblumen an den Fenstern, bizarr und schön.

Wenn gnädig der Schnee die kahle Landschaft bedeckt,
bis der Frühling sie zu neuem Leben erweckt,
tröstet der Gedanke und macht Sinn,
dass ich in diesem Kreislauf eingebunden bin.

Liebeserklärung an den Sonntag

Man sagt: "Der Sonntag ist mir heilig,
da verweil' ich,
lege eine Pause ein
und lasse alle Fünfe grade sein.

Kaffeeduft durchzieht das Haus.
Am Frühstückstisch, im vertrauten Kreise
ruh' ich mich aus.
Bei Kuchen, Marmelade, Schinken und Ei
rede ich mir die Seele frei."

Ja, das haben wir früher erlebt.
Schade, dass es das so nicht mehr gibt.
Wie sich doch alles verändert hat.
Heute sind wir rundherum satt.

Trotzdem sind wir nicht zufrieden.
Da muss doch etwas im Argen liegen.
Von allem zuviel, für nichts mehr Zeit.
Der Sonntag ist inzwischen entweiht.

Ich denke an die Vergangenheit,
zurück an meine Kinderzeit,
als Mutter uns des Morgens weckte
und den Kaffeetisch schön deckte.
Als uns der Sonntagsbraten entgegenlachte
mit rohen Klößen, natürlich selbstgemacht.

Wenn Opa dann aus der Sonntagszigarre
Rauchkringel an die Decke blies
und Oma ihre Stricknadeln klappern ließ,
die Familie sich nachmittags zum Kaffee traf
und selbstgebacknen Kuchen aß,

wir Kinder uns die Zeit vertrieben
mit Halma, Mühle, böse Sieben,
ist keiner allein geblieben,
und man war mit sich und der Welt zufrieden.

Die Eltern sind abends manchmal im Kino gewesen,
und wir haben heimlich unter der Bettdecke gelesen.
Der Sonntag ragte noch aus dem Alltag heraus.
Man ruhte von der Arbeit aus.

Heutzutage kann der Mensch
keine Ruhe mehr geben,
er muss pausenlos etwas erleben.
Man kann sich's nicht leisten zu pausieren,
muss ja mit den Nachbarn konkurrieren.

Was ist das für eine Zeit, in der wir leben,
warum immer nur nach Größerem streben?
Geben wir uns nicht selbst den Gnadenstoß?
Wann steigen wir endlich herunter
 von unserem hohen Ross?

Was uns fehlt, ist die Beschaulichkeit,
die Ruhe und Gelassenheit.
Auch mal Verzicht walten lassen,
anstatt immer nur hasten und raffen.

Wir sollten die Vergangenheit wieder
zum Leben erwecken
und die alten Werte neu entdecken.
Wenn uns das gelänge, wäre viel gewonnen,
und der Sonntag würde wieder
seine Bedeutung bekommen.

Oh - süße Verführung

Du bist das Paradies für jeden Gaumen.
Ich verharre vor dir in stummem Erstaunen.
Du schaffst spielend, was ich niemals gedacht,
dass auch an trüben Tagen die Sonne für mich lacht.

Du braune Versuchung - wie ich mich nach dir sehne!
Du erwärmst mein Herz und trocknest jede Träne.
Ich will dich genießen Stückchen für Stückchen nur
und pfeife dabei auf meine Figur.

Dir ist gelungen, was noch niemand geschafft;
du setzt meine Vernunft total außer Kraft.
Auch wenn dein Genuss meine Pfunde
aufs Sträflichste vermehrt -

Du bist eine Sünde wert!

Mein Seelentröster aus Schokolade.
Wie schön, dass ich dich gefunden habe.

Omas von einst und jetzt

Wisst ihr noch, wie es früher war?
Die Großmutter mit gescheiteltem Haar.
Nicht geschminkt, gelockt und gefärbt,
mit Falten, ins Gesicht gegerbt.

Ich weiß es noch ganz genau:
Ihr Kleid war hochgeschlossen,
in schwarz oder dunkelblau.
Mit weißem Krägelchen aus Plauener Spitzen,
so sah man sie auf der Ofenbank sitzen.
Der Rücken gebeugt,
die Hände krumm von der Gicht,
ein gütiges Lächeln auf dem faltigen Gesicht.

Vor ihr die Enkelschar mit roten Wangen,
die an ihren Lippen hangen.
Sie konnte so schön erzählen,
was man früher gemacht,
und Märchen aus Tausend und einer Nacht.
Von Frau Holle, Rapunzel, von Reichtum und Not,
vom Froschkönig und Schneeweißchen und Rosenrot.

Die heutigen Omas sind mit siebzig
im Gesicht auch nicht mehr glatt.
Das sähe ja auch aus,
wie ein Buch, das nur leere Seiten hat.

Falten, gewachsen durch Freude und Leid
in all den Jahren,
die darf man nicht glätten, die muss man bewahren!

Ihr Outfit ist aber immer noch flott,
auch die Haare sind nicht mehr nur grau und glatt.
Sie lassen sich vom Friseur modisch stylen,
dass es nur so kracht,
mit Strähnchen und dauergewellter Lockenpracht.

Auch sonst sind sie noch modebewusst
und besiegen souverän den täglichen Frust.
Sie joggen und schmeißen den Haushalt mit Elan.
Machen große Reisen, ob mit oder ohne Mann.

Und wenn die Hüfte nicht mehr pariert,
kein Problem, da wird eine künstliche einzementiert.
Auch der graue Star braucht sie nicht zu genieren;
heutzutage kann man so vieles operieren.

In der Volkshochschule sind sie
nicht selten zu finden.
Auch sie wollen die neuen Medien ergründen
und lernen sehr beflissen
Fremdsprachen und Computerwissen.
Sie springen auch finanziell beim Nachwuchs mit ein;
bei Auto, Computer und Führerschein.

Trotz allem haben sie auch noch für die Enkel Zeit
und teilen mit ihnen Freud und Leid.
Sie sorgen heute genauso für ihre Lieben,
denn das Herz, so mein ich,
ist stets das gleiche geblieben.

Wenn wir unsere Opas nicht hätten!

Ich weiß es noch aus Kindertagen;
den Opa hörte ich oft klagen: "Das Kreuz tut mir weh,
in den Fingern die Gicht!"
Rumtoben und Krach machen, das durften wir nicht.
Weil ihn das störte,
obwohl er schlecht hörte!
Es fehlten ihm Zähne, die Haare schütter und weiß.
Kurz, er war mit Siebzig schon ein alter Greis.

Die Opas von heute sind à la bonne heure.
Filzpantoffeln und Schlafmützen tragen **die** nicht mehr.
Man kann sie bei Conrad, Media-Markt oder TeVi oft sehn.
In der Abteilung, wo die Computer steh'n.

Nicht selten sieht man welche im Lederdress
auf dem Motorrad flitzen
oder beim Skatspiel in der Kneipe sitzen.
Für sie ist ein Bierchen,
was für uns Frauen die Schokolade,
es rückt ihr Weltbild im Nu wieder gerade.

Im Fußballstadion schreien sie wie die Jungen,
wenn dem "Club" mal wieder ein Tor gelungen.
Oder sie setzen bei Pferdewetten.
Ja, wenn wir unsere Opas nicht hätten!

Der Oma helfen sie ohne Unterlass,
denn einzukaufen macht vielen Spaß.
Da sieht man sie mit Zettel und Einkaufswagen
Obst, Gemüse, Wurst und Käse zusammentragen.
Sherlock Holmes stellen sie dabei in den Schatten,
wenn sie sich zielsicher die Sonderangebote schnappen.

Und erst an der Schlange in den Kassengängen,
sieht man sie heroisch nach vorne drängen.
Hier sind sie die Ungeduld in Person,
denn Oma zu Hause wartet doch schon!
Die hat den Kaffee schon fertig,
macht schnell noch die Betten.
Ja, wenn wir unsere Opas nicht hätten!

Es gibt auch Opas unter ihnen,
das darf ich nicht verschweigen,
die sich als Kavaliere
der alten Schule zeigen.
Die uns Frauen jederzeit behilflich sind,
uns die Türe halten.
Da können manche Junge noch
viel lernen von den Alten.
Die uns von den Augen ablesen,
was wir gerne hätten.
Ja, wenn wir unsere Opas nicht hätten!

Auch bei den Enkeln lassen
sie sich nicht lumpen.
Die dürfen den Opa auch
schnell mal anpumpen.
Für sie wird im Keller vor dem Fest
gehämmert, gesägt, geleimt und poliert.
Wenn es sein muss,
auch der Fahrradschlauch repariert.

Ist der Abfluss verstopft,
es muss ein Nagel in die Wand,
ist Opa mit dem Werkzeugkasten zur Hand.
Eins aber ist sicher, und das ist ein alter Hut,
dass man ihnen mit 'ner Shopping-Tour keinen Gefallen tut!
Ein Baumarkt mit Gartencenter dagegen ist schön,
da können beide getrennt auf Entdeckungstour geh'n.

Auch heute noch sind sie der ruhende Pol in der Familie,
um den sich alles schart.
Trotz ihrer Fehler und Schwächen
sind sie die Besten ihrer Art!
Auch, wenn sie manchmal glauben,
es ginge nichts mehr,
ohne sie wäre das Leben doch öde und leer!

Was wäre wohl, wenn wir unsere Opas nicht hätten?
Sie fehlten uns an allen Ecken!!!

Die Franken und Fastnacht

Silvester ist vorbei, es lebe die Narretei!
Das Jahr, das grad begonnen hat,
verwöhnt uns gleich mit Festen satt.
Faschingsbälle überall.
Lustvoll herrscht Prinz Karneval.

Groß und Klein schwirrt durch die Säle,
schwitzend und mit durstiger Kehle.
Das Tanzbein wird geschwungen wie toll
bei Foxtrott, Swing und Rock and Roll.
Heiß flirten ist jetzt wunderschön,
man muss nur als Paar getrennte Wege geh'n.

Doch fröhlich ist man nicht nur in den Sälen.
Fasching gibt's auch auf den Fernsehkanälen.
"Fastnacht in Franken", aus Veitshöchheim übertragen,
ist der Höhepunkt vor den drei tollen Tagen.

Am Sonntag dann wälzt sich der Gaudiwurm
durch die Menge.
Am Straßenrand herrscht dichtes Gedränge.
Da sieht man Tanzmariechen,
Elferräte, das Prinzenpaar,
große und kleine Clowns mit und ohne Haar.

Mit AHA und HELAU brüllt ihr euch die Kehle raus
und bekommt dafür nur wenig Applaus.
Doch klagt nicht über die fränkische Kühle;
ein "bassd scho, bassd scho" ist das höchste
der Gefühle!

Am Aschermittwoch ist alles vorbei.
Zu Ende ist die Narretei.
Die Bürgermeister bekommen
die Rathausschlüssel zurück.
Zu Ende ist das Faschingsglück.

Franken H E L A U !!!

Welt voller Wunder

Ein Regenbogen entsteht in voller Pracht,
wenn der Himmel weint und die Sonne lacht.
Zur gleichen Zeit muss das geschehen,
dann kann die Fantasie auf Reisen gehen.

Der Wassertropfen, der sich im Sonnenstrahl bricht,
ist so wunderschön wie ein Gedicht.
Die Eisblumen am Fenster, so bizarr und rein,
könnten die Idee für ein Wintermärchen sein.

Wenn sich die Gletscher im Eismeer baden,
muss der Mensch vor diesem Wunder
Hochachtung haben.
Die Berge in ihrer majestätischen Schönheit
zeigen uns die eigene Winzigkeit.

Wie wunderbar vollkommen ist doch
die Natur hier auf Erden.
Wollen wir wirklich an ihr zu Mördern werden?
Die Natur ist stärker als wir und zum Kampfe bereit.
Kehren wir um, es ist allerhöchste Zeit!

Weihnachten, wie es früher einmal war

Meine Mutter erzählte mir vor vielen Jahren,
wie die Weihnachtstage früher einmal waren.
Sie sagte, es sei alles bescheidener gewesen,
und die Leute hatten auch weniger zu essen.

Den Gänsebraten gab es zwar auch
am ersten Feiertag,
aber darauf wurde wochenlang gespart.
Der Stollen wurde erst am Heiligabend angeschnitten,
nicht wie man das heute so kennt,
schon am ersten oder zweiten Advent.

Lebkuchen und Plätzchen gab es an den Festtagen.
Das gute Gewand wurde nur sonntags getragen.
Der Kirchgang am Heiligen Abend
war eine Selbstverständlichkeit
für Alt und Jung in trauter Einigkeit.

Die großen Geschenke brachte erst das Christkind
und nicht schon der Nikolaus.
Am fünften Dezember abends stellten die Kinder
auch den Stiefel raus und über Nacht
hat er dann nur Äpfel, Nüsse und
ein paar Süßigkeiten gebracht.

Die Wünsche hat noch der Weihnachtsmann erfüllt,
und unter dem Weihnachtsbaum lagen
weder Gutscheine, noch Geld.

An Weihnachtsgratifikation gar
war noch nicht zu denken.
Man war viel bescheidener beim Schenken.
Mit selbstgebastelten Gaben
hat man seine Lieben erfreut
und nicht mit unnützem Kram überhäuft wie heut'.

Die Buben bekamen ein Schaukelpferd
oder Zinnsoldaten
und vielleicht einen Kaufmannsladen.
Ein Puppenhaus war der Traum aller Mädchen,
ob Hannelore, Erika oder Gretchen.
Das wurde vom Vater immer neu aufpoliert
und von Mutti schön dekoriert.
Sie hat auch heimlich so manche Nacht
abgenutzte Puppensachen geflickt
und mit viel Liebe aus alter Wolle neue gestrickt.

Die "gute Stube" wurde nur an
Sonn- und Feiertagen benutzt.
Da hat der Vater am Weihnachtsmorgen
den Christbaum geputzt.
Die Kinder haben damals auch die Nasen
am Fenster platt gedrückt.
Ein Blick aufs Christkind ist ihnen aber nicht geglückt.

Und, das hat sie mir auch noch erzählt,
durchs Schlüsselloch wurde genauso gespäht.
Die letzten Tage vor dem Fest waren ebenso spannend wie heute;
und genascht haben sie auch gern, die kleinen Leute.

Nach den Feiertagen dann
stand jeder wieder seinen Mann.

An Geschenke umtauschen war gar nicht zu denken;
man hatte ja kaum etwas zum Verschenken
Auch war jeder zufrieden mit dem, was er gehabt hat.
Man brauchte weder Auto noch Fernsehapparat.

In der Silvesternacht stapften alle
durch den Schnee in den Wald.
Die Füße waren nass und die Hände kalt.
Im kleinen Kirchlein dann
saßen sie dichtgedrängt beim Kerzenschein.
Der Mond schien zu den schmalen Fenstern herein.

Wenn dann das alte Jahr still aus dem Leben schied,
das Neue verheißungsvoll seinen
Schicksalsthron bestieg,
dankte man Gott dafür, dass von seinen Lieben
vielleicht niemand im Krieg geblieben,
Haus und Hof nicht in Schutt und Asche fiel
und dass man das Elend überlebt hatte irgendwie.

Später dann, als vorbei die schweren Stunden,
hatten viele nach Flucht und Vertreibung in Franken
eine neue Heimat gefunden.
In der Stunde Null, als alles begann
und man sich auf seine Kräfte besann,
packten alle voller Zuversicht mit an.
Es wurde aufgebaut, was der Krieg grausam
zerstörte im ganzen Land,
und jeder reichte jedem hilfreich die Hand.

Heute können wir sagen: "Wir haben es geschafft,
das Aufbauwerk, es ist vollbracht!"
Nun gilt es zu schützen und zu erhalten,
dass nichts zerrinne
und alles wieder von vorn beginne.

Ihr Jungen habt Mut, macht euch frei
vom Konsumdenken
und der Jagd nach Geld.
Es ist doch alles nur geliehen auf dieser Welt.
Glaubt wieder an die alten Werte, lasst nicht zu,
dass die Moral zerfällt.

Auch wenn euch packt des Schicksals Ironie,
denkt daran, es geht immer weiter - nur weiß keiner wie.
Ich wünsche euch nun ein frohes Weihnachtsfest
und dass euch die Erinnerung daran nicht verlässt.
Lasst Jung und Alt Zeit zur Besinnung finden
und gemeinsam den Glocken lauschen,
die vom Frieden künden.

Innehalten im Hasten und Eilen
und in Ehrfurcht verweilen
vor dem himmlischen Kind, dass uns Gott gesandt
in reiner Unschuld - Jesus Christus genannt.

Lasst uns bei all den guten Gaben
derer gedenken, die keine warme Stube haben.
Ein offenes Ohr behalten für das Leid auf dieser Welt
und hoffen, dass Mut zur Umkehr
und zur Menschlichkeit die Köpfe aller erhellt.

Oh du schöne Weihnachtszeit

Ab Oktober steht im Supermarkt, oh Graus,
im Regal ganz vorn schon der erste Nikolaus.
Im gleichen Fach, nur weiter hinten,
liegen Lebkuchen, Zimtsterne und Aachener Printen.
Ich aber sehe noch die Urlaubsbilder vom
blauen Meer und Stränden, so weit.
Oh – du schöne Weihnachtszeit!

Da werden schon im November
Lichterketten installiert
und die Schaufenster weihnachtlich dekoriert.
Neben Grabschmuck zum Totensonntag
stehen Adventsgestecke bereit.
Oh – du schöne Weihnachtszeit!

An manchen Häusern klettern
Juteweihnachtsmänner die Wände hinauf
und in manchen Gärten reißen
Plastikrehe ihre Kulleraugen auf.
In den Fenstern strahlen – Lichterkränze
als schönste von allen
blau, grün, gelb und rot in Intervallen.
Bei uns gegenüber probt man
Single Pelz zu zweit.
Oh – du schöne Weihnachtszeit!

Ich bin noch am Apfelkuchen backen
und Hiffenmark kochen.
Weihnachten ist doch erst in fünf Wochen!
In den Briefkästen häufen sich schon
Kataloge mit Geschenkideen en masse
für Weihnachtsgeschenke und
immergrüne Weihnachtsbäume mit viel Strass.

Mir geht das alles viel zu schnell,
ich bin noch lange nicht soweit.
Oh – du schöne Weihnachtszeit!

Die Zutaten zum Backen
muss ich auch noch kaufen
und schnell zu ALDI oder Lidl laufen.
Das geht bis zum Nikolaustag nur,
denn später fehlen schon Zitronat,
Orangeat und Schokoglasur.

Die Damen an den Kassen
kommen sehr gestresst mir vor;
kein Wunder, haben sie doch das
Gedudel von „Stille Nacht, heilige Nacht"
und „White Christmas" im Ohr.
Zu Hause angekommen,
bin ich zum Backen bereit.
Oh – du schöne Weihnachtszeit!

Pünktlich zum ersten Advent liefern
Laster Weihnachtsbäume,
viel zu bald schon abgeschlagene Winterträume.
Was Deutschlands Stuben Glanz verleiht,
steht dann – viel zu teuer – aufgereiht.
Oh – du schöne Weihnachtszeit!

Nicht zuletzt wäre da noch zu beklagen
der Weihnachtsfeiernstress,
nicht nur an Sonn- und Feiertagen.
Drei Stück pro Woche sind da
von jeher keine Seltenheit gewesen
von Gesangsvereinen,
dem Kreativzentrum und den Cyrenesen.

Die Besinnlichkeit dabei oft
auf der Strecke bleibt.
Oh – du schöne Weihnachtszeit!

Die vielen Weihnachtsmärkte
mit groß' und kleinen Buden,
muss man schließlich auch noch besuchen.
Hat man sich dann beim Durchstreifen
die Füße wundgelaufen,
muss man noch kurz bei Glühwein
und Bratwürsten verschnaufen.
Mit Senf am Ärmel und vollen Taschen
endlich daheim,
denkt man, von den Schuhen befreit,
oh – du schöne Weihnachtszeit!

An den eigentlichen Sinn des Festes
wollen viele nicht mehr denken.
Alles dreht sich nur noch um eines:
nämlich Schenken, Schenken, Schenken!
Auch mir macht der Gedanke daran
schon Sorgen.
Was soll ich für meine Lieben nur besorgen?
Die Läden sind schon fast leer gekauft,
weit und breit.
Oh – du schöne Weihnachtszeit!

Sitz ich mit meiner Familie dann
beim Kerzenschein daheim,
fällt mir doch viel Gutes zum Weihnachtsfest ein.
Mit Abstand vom Trubel der letzten Wochen,
denk ich so ganz für mich beim Kaffee kochen
an den Christkindlesmarkt.

Dort, ganz in der Mitte,
liegt das Jesuskind in seiner Krippe.
In seinem Bettchen aus Stroh und Heu
zieht es viele Menschen an,
jedes Jahr wieder aufs Neu'.
Ein Zauber geht von ihm aus,
der die Herzen erfreut.
Wenn es dann noch pünktlich
zum Feste schneit,
dann sage auch ich aus vollem Herzen:

Oh – du schöne Weihnachtszeit!

Vom traurigen Ende aller Weihnachtsbäume

Vor dem Fest die Weihnachtsbaum-Parade:
große, kleine, dicke, dünne, krumme, gerade,
nach Hause getragen, zurecht gerückt
und mit Kerzen bestückt,
mit Kugeln und Sternen liebevoll dekoriert
oder mit selbstgebackenem
Naschwerk verziert.

All diese strahlenden Symbole
seit über zweihundert Jahren
und der Stolz vieler Generationen
von Elternpaaren
liegen nun nackt und bloß,
ihrer Schönheit beraubt,
voller Kerzenwachs und leicht verstaubt,
als Zeugen vergangener Weihnachtszeit
ganz ohne Glimmer zur Abholung bereit.

Was man erst teuer erstand,
wird nun lieblos aus Haus oder Wohnung verbannt.
Er, der Kinderaugen zum Leuchten
gebracht noch vor wenigen Tagen,
wird nun profan zu Grabe getragen.

Es ist der Lauf der Zeit:
Gestern noch heiß begehrt,
heute nichts mehr wert!

Was wünsche ich mir vom Neuen Jahr

Das Jahr, das nun zu Ende geht,
hat mich zum Denken angeregt.
War's gut - war's schlecht,
war's mir gerecht?
Rückblickend kann ich sagen:
Ich hatte nur wenig Grund zum Klagen.

Was wünsch' ich mir vom Neuen Jahr,
ist eine gute Frage.
Was wünsch' ich mir vom Neuen Jahr
auf meine alten Tage?
Etwas mehr Verständnis füreinander
und viel mehr mit- statt gegeneinander.
Weniger Gewalt auf dieser Welt
und dass das Gute wieder mehr zählt.

Die Jugend sollte mehr selbst gestalten
und Verständnis haben für die Alten.
Nicht so viel hasten und eilen,
auch mal rasten und verweilen.

Nicht immer größer, schöner und reicher sein wollen.
Auch den kleinen Dingen des Lebens
Beachtung zollen.
Mehr Bescheidenheit wäre vonnöten,
sonst geht unser Wohlstand sehr bald flöten!

Ich wünsche für mich mehr Geduld und Zeit
und dass mir die Gunst der Stunde
noch lange erhalten bleibt.
Neugier und Freude an schönen Dingen
und dass mir noch viele Gedichte gelingen.
Stunden zu erleben mit Menschen,
die mir etwas geben.
Auch ab und zu auf Wolken schweben.

Reden können und zuhören - alles zu seiner Zeit -
und den Lebensabend genießen zu zweit.
Ein bisschen reisen, das gehört dazu,
und lesen können - ganz in Ruh'.

Die Gesundheit wäre noch ein wichtiger Aspekt.
Und dass mir die Arbeit auch weiterhin schmeckt.
Was die Zukunft bringt - wir werden es sehn.
Ich wünsche mir noch Kraft, alles gut zu übersteh'n.

Uns allen wünsche ich, dass wir nie den Humor
und die Hoffnung verlieren
und gemeinsam erwartungsvoll ins Neue Jahr marschieren.

Ich schenke dir ein Lächeln

Was ist ein Lächeln in unserer schnelllebigen Zeit?
Ein Lächeln ist heutzutage eine kleine Kostbarkeit.
Die Menschen hetzen, eilen, schau'n sich kaum an,
sitzen starren Blickes in Bus und Straßenbahn.

Warum sind sie nur so unzufrieden,
woran mag das wohl liegen?
Ich weiß die Antwort, ich kann es dir sagen:
Weil sie immerzu nur klagen
und weil niemand mehr Zeit für ein Lächeln hat.

Hungert deine Seele, weil du einsam bist,
dann zaubere ein Lächeln auf dein trauriges Gesicht.
Schau in den Spiegel, dann kannst du es sehn,
ein Lächeln macht dein Gesicht
ganz ohne Schminke schön.

Es tut nicht weh, kostet dich kein Geld
und schlägt Brücken zu allen Menschen dieser Welt.
Ein Lächeln zeigt, dass man dich mag,
drum schenk ich dir mein Lächeln
für deinen neuen Tag.

De Saggsn und däi F"rrr"anken

Gemeinsam kämpfen wir mit dem "hardn B".
Was für uns "hibbsch" ist, ist für euch "grad schee".
Was für euch das Bier ist, ist für uns der Kaffee.
Ihr liebt euer "Seidla" am Tresen,
wir schwärmen für "e Schälschn Heesn".

Was für uns "ei vorbibbsch" ist,
entlockt euch ein "bleed gloffn".
Aber, haben wir einen zu viel erwischt,
sind wir alle "bsuffn".
"Ä derrwensdschor Gerl" ist bei uns
ein spindeldürrer Wicht.
"A Grainmaichala" ist hier ein Mädchen,
das oft in Tränen ausbricht.
"Rossbolln" und "Färdeäppl" sind das,
was ein Pferd hinten verliert.
"A su a Siemgschaider" ist einer,
der Kopf und Kragen riskiert.

"A Diddlesbadscher" ist, wer den
Frauen an den Busen greift.
"Ene Zimdzigge" ist in Sachsen eine,
die pausenlos keift.
Im "Läbberie" mögen sich nicht nur Schweine sielen.
"Bäbbormumbe" ist ne Schlammpfütze,
in der unsere Kinder gern spielen.
Was euch in Staunen versetzt,
drückt ihr mit "Allmäächdna" aus.
Uns rutscht dafür ein lakonisches "escha" heraus.

"Geen Goglmosch machn" heißt hier "a so a Gfredd!"
"E Gänsefeddbämmchn" ist
eine Scheibe Brot mit Fett.
Der Marienkäfer heißt bei uns "Modschegiebschn".
"Enne Hornssche" ist ein mickriges Stübchen.
Das, was einem nicht in den "Kuubf nei gehd",

ist eine Sache, die weder der Sachse,
noch der Franke versteht.

"Basd scho, basd scho" ist das
höchste Lob der Franken
und "Hat sein können", sagen sie,
will man sich bei ihnen bedanken.
Mit "Na gugge ma da" tun wir Sachsen
unser Erstaunen kund,
dem Franken kommt ein "Mach kei Sach nǝt"
aus dem Mund.
 "Se wärn endschuldschn", so spricht
der Sachse einen Fremden an,
wenn er seine "Gusche" nicht halten kann.

Wir Sachsen lieben die Gemütlichkeit.
Ihr Franken nehmt euch zum Denken mehr Zeit.
In punckto Humor sind wir alle gehemmt;
wir applaudieren niemals vehement!

Der Sachse ist "helle, heflich un
e bisschn heemdiggsch",
auch wenn das so mancher verkennt.
Ihr Franken zeigt nicht gern, was ihr könnt.
Beim rollenden "r" seid ihr Akrobaten.
Uns ist "dor Schnabl un is Herz
e bisschn weech "geradn".

Dem Fürther liegt das dreifache "lll",
der Leipziger sagt dafür gern "gell?"
In Nürnberg wird ein Dummkopf
kurz "Dolldi" genannt.
Der Dresdner ist für sein:
"Nu, nu gehd schonn" bekannt.
Der Franke liebt seine "6 Broudwerschd mied Kraud".

Der Sachse mit seinem Stollen auf die Pauke haut.
Die Nürnberger Lebkuchen nicht zu vergessen,

mit denen können sich die
"Leibzscher Lärchn" kaum messen.

Der Nürnberger Christkindlesmarkt ist weltbekannt.
Unser berühmtes Porzellan wurde
nach Meißen benannt.
Leipzigs "Kaffeebaum" ist das älteste Café,
das noch heut existiert.
"Lorge", "Blämbe" oder "Bliemchn"
werden da garantiert nicht serviert.

Leipzig ist die älteste Messestadt.
In Nürnberg man die Spielwarenmesse hat.
August der Starke sperrte "die Cosel"
in der Burg Stolpen ein.
Von der Nürnberger Burgmauer
sprang einst der Eppelein.
Als Bauherr war "August der Starke" phänomenal;
der Zwinger und die Semperoper sind kolossal.

Wen lieben die Frauen allesamt?
Frau Melitta, weil sie die Filtertüte erfand.
Beim Dresdner Dixieland Festival im Mai
sind die Jazzfans aus aller Welt dabei.
Das Nürnberger Bardentreffen ist allseits beliebt.
Alle freuen sich, dass es so etwas hier gibt.

In Leipzigs "Akademixer-Keller" gehen
die Stars ein und aus.
Volker Heißmann und Martin Rassau
haben in der Fürther Comödie Fullhouse
und lassen als Waltraud und Mariechen
Bernd-Lutz Lange und Tom Pauls schön grüßen.

Adam Riese war ein berühmter
Mathematiker aus Staffelstein.
Friedrich Schiller kehrte im
Gohliser Schillerhäuschen ein
und schrieb dort, das weiß man noch heute,
1785 seine bekannte "Ode an die Freude".
Albrecht Dürer war als Maler jedem bekannt.
Wolfgang von Goethe hat man
den "Dichterfürsten" genannt.

Unsere Mittelgebirge haben ihren besonderen Reiz,
hier die Fränkische - da die Sächsische Schweiz.
"Freistaat" werden wir beide genannt,
das ist ebenfalls allseits bekannt.

Wo immer auch unsere Wiege stand,
"Schrumpfgermanen" sind wir allesamt!
Wir sagen: "Tschüss, mach's gut!"
Ihr aber: "Ade, bleib schee!"